Aforismos

Benjamín Barajas

La eternidad del instante

sequitur

sequitur [sic: *sékwitur*]:
Tercera persona del presente indicativo del verbo latino *sequor*:
procede, prosigue, resulta, sigue.
Inferencia que se deduce de las premisas:
secuencia conforme, movimiento acorde, dinámica en cauce.

© Ediciones sequitur, Madrid, 2025

Todos los derechos reservados

www.sequitur.es

ISBN: 978-84-128025-7-3

Hecho en México

(Golfo de México)

Índice

El matrimonio es una bomba de tiempo.

***

El acta de matrimonio es un armisticio anticipado.

***

Un matrimonio de intelectuales es comparable a la relación de dos erizos de mar.

***

La corbata es un arma formidable en manos de la esposa.

***

Como el gato, el cónyuge arquea el lomo para cumplir con sus faenas domésticas.

***

El matrimonio representa la angustia primordial, la verdadera caída en el tiempo.

***

Los cónyuges semejan a las chicharras que canturrean hasta explotar.

***

El matrimonio escenifica la asunción de la mutua esclavitud libremente asumida.

***

La sorpresa de la cautividad matrimonial: saberse aún vivos.

***

Inteligencia y ferocidad garantizan el terror en el feudo matrimonial.

***

El insomnio matrimonial es una buena imitación de las estatuas yacentes.

***

Dar la espalda al cónyuge es un acto peligroso.

***

Es un peligro mortal quedar en medio de una disputa matrimonial.

***

Sucede en el divorcio como en un choque múltiple: cada quien se queda con su golpe.

***

Simplicidad y precariedad existencial vienen unidas al hierro matrimonial.

***

Los matrimonios bien avenidos semejan las ruedas dentadas de las máquinas industriales.

***

Semejante al tigre que lucha por adelgazar su cuerpo entre los barrotes, pelean los cónyuges atrapados en la jaula de los misterios sacramentales.

***

Debería patentarse el pesado fardo de los diálogos matrimoniales para escribir la novela más larga del mundo.

***

Semejante al león, los consortes si han comido, no atacan; el problema radica en la feroz incertidumbre.

***

Un buen matrimonio se distingue por haber suprimido cualquier tipo de necedad comunicativa.

***

Los tres géneros dramáticos se representan de manera simultánea en el sacramento matrimonial.

***

Mientras el marido juega con la fantasía de la viudez, la mujer hace el balance del seguro, la pensión y el valor de los inmuebles.

***

La consumación de las bodas debería exigir un doble trámite: las actas de matrimonio y divorcio.

***

Con excepción del matrimonio, el perro suele imitar a cabalidad los rituales de la vida humana.

***

El silencio es el gran aliado matrimonial, su presencia incopórea suele convertirse en un tercer personaje. Es el amante perfecto para combatir el tiempo helado entre los cónyuges.

***

Solo es cuestión de tiempo el cambio de escenario entre el suave parloteo de los novios, a través de un barandal romántico, y la intriga de los esposos que se gritan en la rejilla de los separos judiciales.

***

Después de incontables terapias con diversos personajes que en la vida ordinaria representaban el papel de esposos, Freud pudo encontrar el sentido profundo de este diálogo:

-Esposa: "Oye mi amor, ¿me podrías pasar el azúcar?

[Piensa el marido mientras cumple la orden: "¡Maldita zorra, me has arruinado la vida!"].

La fealdad es parte de la tecnología evolutiva.

***

Sólo se puede reclamar a la fealdad la ausencia de belleza.

***

La fealdad es una llamada de atención a todo el público.

***

La fealdad es inoportuna a la luz del día, pero en la noche es un remanso de paz entre los monstruos tutelares.

***

Los encuentros amorosos en la oscuridad preservan la fealdad de los amantes.

***

La fealdad no es producto de una maldición o de la mala suerte, sólo cuando se adquiere por contagio.

***

Se dice que Esopo era dueño de una fealdad tan insultante que solo rivalizaba con la de Sócrates, quizá por eso se refugió en el mundo de los animales.

***

Solo la delicadeza de su pensamiento, el fino detalle, la sutil disimulación del error pudieron ocultar, por momentos, la fealdad proverbial de Sócrates, hombre que perteneció a una cultura que asociaba la belleza con la virtud.

En ausencia de la magia, sólo nos queda el apetito de la escritura.

***

Los "oralistas" solían desconfiar de la escritura, como de un cuerpo en putrefacción.

***

Moldear al genio de los escritores en los talleres del Gran Maestro es una costumbre rupestre.

***

A los nihilistas metódicos los traiciona la pedagogía, el púlpito, la escritura.

***

Muchos literatos merecen la corona de espinas y no el laurel.

***

El deseo de la fama es el monólogo peor interpretado por los artistas de todos los tiempos.

***

La liturgia del ungimiento de los doctores *honoris causa*, pareciera un viacrucis de los elefantes al cementerio.

***

Vivimos en un drama permanente, aunque no por ello seamos héroes trágicos, sino bufones.

***

Simulando las ambiciones de Ícaro, es frecuente encontrar en las librerías obras de precoces ensayistas, plenos de intelectualidad forzada.

***

No es extraño que se suiciden los artistas, su oficio los coloca en el umbral de la inanición.

***

Ebrios por la dulzura de sus versos, vuelan los poetas sobre las academias y cenáculos, como las abejas regordetas rumbo a su panal.

***

Al juzgar a un delincuente, se suelen ponderar sus Actos, sin reparar en la Causa, pues como dijera Segismundo: su delito mayor es haber nacido.

***

Para conservar nuestros secretos ya no recurrimos a una secretaria, mejor escribimos y editamos libros.

***

La sensibilidad excesiva te lleva al manicomio, el ejercicio de la violencia al poder; a los temperamentos mediocres nos queda la pedagogía, el magisterio, el camino del arte.

***

Tan embebidos estamos en el antropocentrismo cotidiano que solemos ignorar la escena macabra de la araña, sorbiendo los sesos de la mosca frente a nuestras narices.

***

Los conferencistas deberían compartir sus discursos grabados a los pacientes de las clínicas que atienden los trastornos del sueño.

***

Pareciera que solo la palabra separa a los animales de los humanos, por eso Esopo se propuso eliminar las diferencias haciéndolos hablar.

***

Es más fácil el control de las masas que de las musas.

***

Alejados de los mantos de de agua, de la selva y la saba-
na, los peregrinos son entregados a la espina del sol y al
colmillo del lobo; entonces, ebrios de luz, secos de carnes,
se ofrecen a las tentaciones Dios y de los demonios del
páramo.

***

Cuando cazaban a la nutria por su piel, ésta solía ser una
dama refinada de clase mundial, ahora ha vuelto a la vera
de los ríos donde devora peces vivos y escupe los huesos,
con apetito formidable.

***

Callar, borrase de la escena, hundirse como las aguas
turbias en el pecho del pantano; teñir de gris los pensamientos y acceder, por fin, a la rutina de Sísifo, tal es nuestro vital destino.

***

Según los expertos, la gran biomasa del planeta está
constituida por insectos, aunque no deberían desdeñar la
explosión demográfica, sobre todo por los innegables vínculos que Kafka descubrió entre las cucarachas y el ser
humano.

***

El arte prehistórico también era un macizo tratado de magia, religión, ciencia y literatura; el dinamismo de las cavernas bien podría rivalizar con las galerías, museos y cenáculos de de nuestros días.

***

El regreso a la naturaleza, como lo deseaban algunos teóricos ilustrados, no es tan complejo, bastaría perderse en algún suburbio de las grandes ciudades, para reencontrase con todos los espíritus del universo.

***

La obra de un buen escritor es un material en bruto, poroso, escalable; en las cuarteaduras de su inestable superficie anida la fantasía del lector, la vivacidad del crítico, el plagio del epígono. Una obra acabada, sin pliegues, puede considerarse muerta.

***

Hay obras que se recomiendan para acelerar el proceso del suicidio (mental); de esta literatura se puede cosechar un amplio florilegio, con novelas de color rosa, rojo carmesí y también púrpura.

***

Es de admirar el empeño de los grandes libros de la humanidad (*Biblia*, *Corán*, *Torá*, *I Ching*) para convencernos de que la vida tiene sentido; que más allá de esta noche espectral hay una hendidura para escapar.

***

Por más que se pretenda adornar a las gaviotas con canciones y acuarelas de miniatura japonesa, son ratas aladas del mar, siempre dispuestas a la rapiña, disfrazadas con un hábito monjil.

***

En el reparto teatral cotidiano, unos juegan de mendigos; otros de prostitutas, policías, políticos, bufones, ladrones, criminales, artistas, merolicos, filósofos, empresarios, estafadores…, desde luego, al público corresponde la difícil tarea de distinguir quién es quién.

***

En la edad posmoderna sí es posible encontrar animales fantásticos, gracias a las técnicas de los tatuajes, los implantes y perforaciones, por eso es fácil asistir al desfile de los hombres felino, caballo, lagarto, murciélago…, en fin, toda una zoología humana.

***

Hay libros que se recomiendan para leer en el hospital y otros en la cárcel: del primer caso sugiero las novelas psicológicas, naturalistas, realistas; mientras que para el segundo habría que ponderar la literatura fronteriza, policiaca y delincuencial, que podría representar una especie de salmo autobiográfico.

***

Los pintores son descendientes en línea directa de los trogloditas de las épocas prehistóricas; ante su actual mendicidad, ¿cómo no pensar en un intercambio cultural con aquellos potentes antepasados?

***

La frescura de *Macbeth* radica en su espíritu sanguinario; el hacha y la espada medievales delinean las intrigas de una política rupestre, cuyo *modus operandi* sigue vigente en las sociedades posmodernas.

***

La poesía romántica, y luego modernista, podría ser un himno para los caníbales, por aquello de que "te comería a besos", "te roería el corazón", "vives dentro de mí", y otras frases por el estilo.

***

En 1704, el marino escocés Alexander Selkirk fue abandonado en la isla chilena Juan Fernández, con seis kilómetros de ancho y veinte de largo, y el 31 de enero de 1709 llegó a Londres después de haber contemporizado con ratas, lobos marinos, cabras y demás especies de la flora y fauna locales. La historia de este personaje modesto, difundida en los medios de la época, fue motivo de la afamada novela de aventuras *Robinson Crusoe*, de Daniel Defoe.

***

Los bigotes en punta, el sombrero de copa y la peluca rizada hoy nos parecen el atavío de un payaso de circo, y no el de un honorable escritor del Siglo de las Luces. En cambio, consideramos normal que los autores de renombre sirvan de mascotas a los dueños del gran capital.

***

En el regreso a la semilla -metáfora vulgarizada por el programa "Supervivencia al desnudo"- los actores enfrentan diversos desafíos, a la manera del viaje místico del alma para llegar a Dios. Primero está la senda de espinas y abrojos, luego las picaduras de los mosquitos, siguen las mordeduras de las alimañas superiores y, finalmente, aparece la desnudez de los cuerpos, sujeta a los cambios de temperatura, a las tormentas y los misterios de la noche. Estas pobres personas no suelen soportar los rigores de la naturaleza y vuelven al país de los rascacielos visiblemente consternadas.

Pessoa: el bien es un mal necesario.

***

El ladrido del perro pareciera expresar el idioma que maliciosamente hemos callado.

***

La eterna búsqueda del hueso nos hermana con los perros.

***

Los buitres y las hienas avivan el recuerdo del hombre por su antiguo oficio.

***

Roncar mientras dormimos fortalece el vínculo con nuestros animales tutelares.

***

Debemos cuidarnos de las moscas, espían a favor de los gusanos del cementerio.

***

Poner orden en el mundo, encerrar los rebaños, implica dejar sin vigilancia al lobo.

***

Quizá sólo el circo represente a plenitud el espectáculo de la arena política.

***

¿Qué mayor ingenio que empuñar el maxilar de un asno?

***

El perro oficio de ladrar adquiere muchas tonalidades y matices en los senderos del arte.

***

Para los insectos menores: ácaros, chinches, piojos… el cuerpo del hombre es un manjar.

***

Sobrevalorar la inexistencia de la realidad, no impide que te bombardeen los pájaros.

***

La adversidad toma la forma de un búfalo agonizante, devorado aún vivo por las hienas.

***

De los órganos interiores casi nunca sabemos nada excepto en las contingencias.

***

La tolerancia suele ser una virtud estomacal.

***

Los humanos nunca podremos ver las cosas con sangre fría, ése es un privilegio de los reptiles.

***

Se dice que algunos virus proceden como los banqueros: viven del cuerpo de la víctima, pero sin matarla.

***

Buscar las raíces más prometedoras, hurgar en lo profundo de la tierra, no solo es tarea de la minería, también de los cerdos en su búsqueda de trufas.

***

Los modernos salones de belleza también deberían ofrecer la terapia de la desparasitación, a semejanza de los primates.

***

La animalidad de la especie humana está certificada no sólo por las pruebas del ADN, sino por incubar los microorganismos que provocan las pestes.

***

Es falsa nuestra ruptura con el mundo natural, los saben muy bien los tábanos, las sanguijuelas y demás insectos chupasangre.

***

La dentadura sin labios es un atajo a la máscara del horror. Conocí a una mendiga que usaba este atributo para pedir limosna.

***

El gato, el búho y el águila disponen su mirada en círculo ante la redonda estupidez humana.

***

El perro ha renunciado al habla humana con la esperanza de que el hombre aprenda a ladrar.

***

Rascarnos la cabeza con los pies, a la manera de los perros, sería una verdadera proeza evolutiva.

***

Los autos son las cavernas portátiles de los hombres modernos, a la manera de la caparazón de las tortugas y los armadillos.

***

Se debería restituir la costumbre de beber directamente de los charcos, para recuperar la pureza animal que hemos olvidado.

***

Como el borracho que pierde las llaves de la casa, merodea la humanidad sin encontrar la clave del regreso al mundo natural.

***

Apoderarse de los ductos es la realización suprema de las cucarachas, las ratas y demás bichos rastreros, su magisterio en este arte nos deja siempre en desventaja.

***

Aunque los caminos del hombre y del simio se bifurcan, en los bucles de la historia se entrecruzan.

***

A los porqueros griegos se les consideraba divinos y a veces eran guías de los viajeros, ahora solo actúan de matarifes.

***

A pesar de que el trabajo pareciera acercarnos al reino animal, en realidad es la única forma de salir de él.

***

Los seres humanos hemos sido creados como cualquier animal para la acción: berrear, plañir, barritar, gemir, ladrar, rebuznar…, todo está en nuestra naturaleza.

***

El insomnio aviva en la especie humana el instinto depredador, bajo su influjo se han fraguado los grandes crímenes.

***

En sus intentos por anular la línea evolutiva, algunos humanos han copiado las maneras de los gorilas de montaña, con penosos resultados.

***

Para un buen número de especies animales, la experiencia familiar concluye en el apareamiento, después todo es depredación, canibalismo.

***

Es una lástima que los leones del Coliseo romano se hayan cebado sólo en los primeros cristianos, también podrían recrear su mandíbula en la clerecía pederasta del presente siglo.

***

El acicalamiento mutuo, los lengüetazos a la manera de los felinos, generan más cohesión social que los tratados de filosofía y los manuales de urbanidad.

***

Muy pronto las hazañas del hombre han aburrido al resto de los animales, es probable que hayan descubierto sus trucos en el Coliseo.

***

El sedentarismo nos obligó a hacer bolitas de excremento, a la manera del escarabajo pelotero, para alimentarnos en las épocas difíciles.

***

Vivir a ras del suelo, vestir la piel rugosa, es la lección que no hemos querido aprender de los reptiles, por eso serán nuestros albaceas el día del jucio final.

***

Durante milenios, la extensión de las orejas ha sido relacionada con la inteligencia, por desgracia los burros son la especie incomprendida.

***

El mar es la placenta, el líquido amniótico de nuestro origen, de ahí la eterna nostalgia por regresar a él.

***

Más que hablar de la esencia del cordero, a veces conviene sanjar la discusión, a la manera del lobo, con el primer mordisco.

***

Cuando la humanidad salta al futuro, se asemeja a los peces voladores que huyen del primer depredador para caer en las fauces del segundo.

***

Los bajos porcentajes en el uso del cerebro de los genios, nos llevaría a pensar que la humanidad ha vivido, hasta ahora, con los tímidos reflejos de una codorniz.

***

La muerte es el gran tema de los homínidos superiores, aunque nadie haya vuelto de aquel invocado reino para contarla.

***

A menudo la vida de los hombres y mujeres es un juego que remeda los rituales de apareamiento de la viuda negra.

***

Hacer el bien es una tarea peligrosa, lo saben quienes intentan cepillar la dentadura de un cocodrilo.

***

Según Plutarco, había ratas que en las minas comían inmundicias mezcladas con pepitas de oro, y luego los mineros las destripaban para recuperar el mineral preciado. Cualquier parecido con el tráfico de drogas es mera coincidencia.

***

Belleza o fealdad, hambruna o lozanía, el insulto visual de la gordura; el trote, el balanceo o el suave caminar; la renguera, la corcova, las mutilaciones y el horizontal alarido de la momia..., todo se construye pegado a nuestros huesos.

***

El ejercicio de la soledad y los recorridos por las moradas interiores han sido para unos cuantos místicos, misántropos y enfermos mentales; la romería, el carnaval y el mitín se reservan para la estolidez general.

***

El populismo de los césares creció al amparo de los descuartizamientos entre gladiadores, cristianos y bestias feroces; ahora las redes sociales son el Coliseo de la antropofagia posmoderna.

***

La zoofilia entre los políticos no es un asunto de mera mitología. Calígula y Catalina La Grande, se enamoraron de sus caballos y cuenta la leyenda que la emperatriz murió al caerle encima un tremendo garañón.

***

Pulir el filo de las rocas, la agudeza del hueso, la punta de los metales, habilitó al hombre primitivo para triturar, deshollar y desgarrar las carne de sus víctimas humanas y animales, como parte del guion civilizador.

***

Compartir la mesa es un acto civilizador, un dique contra las batallas campales por los despojos de las bestias caídas; peleando cuerpo a cuerpo contra los leones y las hienas. Los banquetes de Platón, parecen reverenciar la pureza de esta metáfora disidente.

***

Las dentaduras irregulares, los ángulos del cráneo, las cabelleras estiradas, las desgarraduras musculares son las pruebas, en un espectáculo de momias, del feroz desprendimiento del cuerpo y el alma.

***

El hombre ha nacido para vivir pegado al suelo; atraído por la gravedad, está impedido a flotar y elevarse, de ahí que todas las metáforas antiguas de la huida a las alturas devengan catástrofes a la manera de Ícaro.

***

Son famosas las etampidas de los búfalos, sólo comparables a las turbamultas de los espectáculos relegiosos (incluido el fútbol), donde mueren aplastados niños, mujeres embarazadas y ancianos, víctimas de un miedo anterior al *logos* griego.

***

Los linchamientos de los sospechosos, no solo rubrican la muerte del estado de derecho, también simulan la escena de cacería de los chimpancés cuando, entre aullidos feroces, devoran vivos a los monos capuchinos, en la oscura selva.

***

El 28% de los jóvenes estadounidenses que recurren a las operaciones plásticas optan por la otoplastia (cirugía para agrandar las orejas), quizá por un secreto deseo de reforzar sus vínculos con los paquidermos, los zorros del desierto o el aye-aye de Madagascar.

***

En nuestros días, se ha acuñado la frase "relaciones tóxicas" para referirnos a aquellos ayuntamientos en que no sólo hay sexo, vejaciones, drogas, golpes, sino perturbaciones espirituales que impiden a las dos víctimas, después de haber permanecido anudadas como serpientes, encontrar su propio camino.

***

La traducción es una de las tareas más complicadas que le han confiado al animal humano. Así, debe traducir los alaridos en suaves sentimientos de fe religiosa; las macro cifras económicas en halos de bienestar y felicidad; las tragedias naturales, los crímenes, las pandemias y las guerras en ejemplos para que los hombres de buena voluntad enderecen su camino.

***

Creíamos que el empuje de la ciencia y las tecnologías tarde o temprano habrían de acabar con las supersticiones, pero nada de eso ha sucedido. Los modernos chamanes practican exorcismos en el horario estelar de las televisoras y los japoneses, habitantes de una nación enteramente digital, creen que los espíritus se refugian en los celulares y en varios aparatos electrodomésticos. En no pocas universidades estadounidenses, se combate a Darwin y a su antepasado el mono, y se cree en un ser superior, acaso un robot venido de la constelación de Orión, que alteró la cadena del ADN de los primates para que ellos, los descendientes del tío Sam, llegaran a habitar el reino de las amburguesas y la coca cola.

***

Jonathan Swift hizo la siguiente conjetura: si un perro habilidoso se hiciera de un gran hueso pondría en movimiento a la jauría completa y, para disipar el frenesí, tendría las siguientes opciones:

1. Aferrarse al hueso contra todo gimoteo o ladrido, creando así la autocracia o dictadura.
2. Repartir el hueso solo entre unos cuantos cánidos para dar curso a la oligarquía.
3. Repartir el hueso en porciones regulares para crear la democracia.

Steiner: el fútbol es una religión global.

***

Canibalismo y Eucaristía: el frágil equilibrio del placer de la carne.

***

Entre otros detalles, en el infierno te sentirás como en casa.

***

El infierno tiene su lado amable y siempre será apetecido por los habitantes de las tundras.

***

Dios ha concedido a muy pocos la gracia de tener pactos con el Diablo.

***

Elohim fue un sagaz espía del drama de Eva, la Serpiente y Adán, en el paraíso.

***

La santidad arraiga en aquellos individuos que practican el arte de escuchar sandeces.

***

Para muchos pedófilos, la religión sigue siendo un culto a la genitalidad.

***

El gozo de las miserias ajenas nos hace olvidar las propias.

***

La práctica del bien representa un fracaso del instinto.

***

No hay que lamentar las pérdidas, sino nuestra incapacidad de desapego.

***

La deuda con la muerte solo se paga en especie.

***

Aunque la religión griega fuera panteísta, su dios verdadero fue el Destino.

***

La purificación religiosa es solo un baño en la niebla de nuestras pesadillas.

***

El alma del muerto siempre se escabulle por los espacios nunca transitados de la ciencia.

***

Viajar al otro mundo es la mejor manera de curar a los enfermos.

***

Las batallas entre la religión y el arte siempre se libran en honor a la verdad (y al privilegio del engaño).

***

Incluso los telescopios más potentes, indagan en las profundidades del Universo, alguna huella de Dios.

***

A la hora del juicio final, Dios asumirá la profesión de un técnico laboratorista para separar el polvo del los buenos y los malos individuos.

***

El mundo está mal hecho, pero Dios no acepta devoluciones.

***

Se dice que Luzbel y Lilith engendraron a Satanás mientras caían al infierno; esto fue, sin duda, una proeza aérea jamás superada por los paracaidistas de hoy en día.

***

Si nosotros tenemos padre y madre, ¿por qué no los habría de tener el universo?, pensaba Russell.

***

Los rostros amoratados de los clérigos, producto de sus comilones de embutidos, despiertan en la feligresía un verdadero horror sagrado.

***

El arte y la ciencia solo son un par de islotes en el inmenso océano del fanatismo religioso.

***

El nuevo clero religioso, gremial y grupuscular, está integrado por artistas, científicos y académicos connotados.

***

Las religiones y las compañías de seguros tienen el mismo propósito: garantizar para la otra vida el bienestar emocional del feligrés-asegurado.

***

Llorar solamente por la crucifixión de Cristo es un acto abusivo si se compara con las miles de atrocidades cometidas, a lo largo de los siglos, en su nombre.

***

Antes de Cristo, los hombres eran inconscientes de su pequeñez, después de él, reconocieron, además, su miseria.

***

Dios, Diablo, Infierno y Paraíso son los cuatro vértices del cuadrado semántico de Greimas. Dicha tetratomía representa la verdadera crucifixión del hombre.

***

La historia humana, como lo escenifica el *Libro de Job*, pareciera una partida de ajedrez entre Dios y el Diablo.

***

A fin de cuentas, el paraíso nunca se ha perdido, son innumerables las cantinas, los antros y zonas turísticas que ofrecen sus delicias y placeres en su nombre.

***

Apreciamos a los muertos, reconocemos sus virtudes, aunque en vida hayan sido unos hijos de la tiznada, sólo porque tenemos la certeza de que no volveremos a pade-cerlos.

***

El infierno, más que un horno de tortura, pareciera un salón de fiestas animado por un grupo de narcotraficantes.

***

El fervor de la creencia en las doctrinas políticas y reli-giosas es directamente proporcional a la miseria interior.

***

Oración del pueblo agrario: el tiempo pasará, pero noso-tros permaneceremos sembrados, como viejos árboles, a la vera del camino.

***

¿Qué necesidad hay en depurar las religiones de las supersticiones y las santerías? Tal necedad nos llevaría a quitar la mampostería de las pirámides y los rascacielos.

***

Solo a un tipo de pensamiento natural, pre-agrario y conocedor de los instintos de la especie, se le ocurriría la siguiente conseja: "Creced y multiplicaos".

***

Las sectas religiosas no han renunciado a las bacanales de Dionisos y es frecuente reconocer a sus ministros (viejos con cara de sátiro) tras las rejas, dejando a sus rebaños con la preñez de su recuerdo.

***

Los antiguos francos hurgaban en las vísceras aún tibias de los jóvenes recién sacrificados, para averiguar en ellas su destino; por eso nos resulta más civilizado interrogar a las estrellas en el consultorio de Madame Sasu.

***

El sueño iluminado es la manera cordial de estar en el universo; la vigilia, en cambio, despierta el instinto creador, Dios creó al mundo, incluida la especie humana, en siete días, insomnio laborioso.

***

Las bajas pasiones suelen purificar el alma; personajes místicos tan fundamentales como Buda, Cristo, san Agustín, san Ignacio de Loyola, gozaron de la mundana frugalidad, antes de elevarse como el fénix, al reino del espíritu.

***

Para las diversas sectas cristianas, el fin de los tiempos será la mejor parte del drama humano, mientras que para el mundo globalizado, los cuatro jinetes del apocalipsis, ya se encuentran con nosotros, alimentando las catástrofes.

***

San Antonio Abad renunció a sus bienes y durmió varias noches en una cripta. Después cabalgó al desierto y se expuso a las tentaciones de Satanás. Ya maduro en el arte de la negación de los portentos viajó a Alejandría y, convertida su lengua en una espada, combatió la secta de los arrianos.

***

La mayoría de los profetas predice las catástrofes naturales y sociales, y a todos los seduce el fuego liberador del apocalipsis. Casi nadie se detiene a repensar los orígenes y a recorrer el sendero sonoro de los ríos por el valle. Ninguno celebra la desembocadura de las aguas en el mar resplandeciente.

***

A diferencia de Eva, que fue expulsada del paraíso por mordisquear una manzana, además de tener una relación sexual sin protección, la reina asiria Semiramis diseñó un jardín con todas las flores y árboles frutales del mundo antiguo. Se cuenta que esta singular dama se concebía a sí misma como discípula de las estrellas y que se solazaba con sus amantes en medio del vergel, sin ningún temor a la espada flamígera.

***

Historias paralelas: la ninfa griega Calipso vivía en una hermosa isla, al cuidado de su jardín y a la espera de los recios marineros que acogía y amaba, pero con las debidas precauciones para evitar embarazos indeseables. Por su lado, en el cayo de enfrente vivía Eva, mujer de un solo hombre, escritor y melancólico. En la primera escapada quedó encinta y fue expulsada del paraíso. A ella debemos la explosión demográfica que nos tiene arremolinados al borde del acantilado.

La locura es una película alternativa.

***

La realidad es solo una parte del delirio colectivo.

***

Pitágoras pensaba que el silencio es producto de una música imperceptible.

***

El tiempo es el veneno infalible contra todo lo viviente.

***

El conflicto es otro modo de matar el tiempo

***

Los entes superiores son todos aquellos individuos que ya han muerto.

***

Para Nietzsche, la meta de la ciencia es la aniquilación del mundo.

***

Desde su nacimiento, la razón griega se esculpió en mármol.

***

Urano y la Tierra, más allá de la mitología griega, siguen engendrando monstruos.

***

Para Darwin, el pensamiento era una secreción del cerebro.

***

Es tan importante develar los misterios de la naturaleza como ocultarlos.

***

La inmensa fabrilidad humana es insuficiente para retardar la muerte.

***

Para Séneca, la muerte ha sido "el más bello invento de la naturaleza".

***

Los mejores filósofos son eligebles y los que se pueden leer son pedagogos.

***

Sólo el humor y la risa pueden restañar, por intervalos, nuestras heridas.

***

El pesimismo, como el buen vino, se aprecia mejor en un largo proceso de añejamiento.

***

La risa tiene un carácter inter, multi y transdisciplinario.

***

La vida suele ser un sueño, pero no así la mala reputación.

***

El hervor de la inteligencia humana casi siempre nos conduce a la hecatombe.

***

Los individuos sanos son una verdadera refutación a la ciencia médica.

***

El difunto siempre triunfa sobre la enfermedad.

***

El horror y la belleza son la síntesis del universo.

***

"La brevedad del círculo" es una expresión infinita.

***

Incluso a las puertas de los ríos más caudalosos, la criatura humana clamará su sed.

***

Inhalar y exhalar son dos verbos que ilustran el instante de la vida.

***

Perder el tiempo es nuestra principal ocupación.

***

La razón es una variante de la locura.

***

El secreto de la vida, aprender a perder.

***

Hay que ser sabios como el mosquito que huye del aplauso de los demás.

***

Los filósofos cínicos, al reconocer la superioridad natural de los perros, los imitaban en sus maneras de orinar, defecar y copular en la calle.

***

Milenios de ciencia han probado que el cerebro humano es materia y energía, pero solo un salto cuántico nos permitiría saber qué es la imaginación, el alma, el espíritu.

***

A pesar de que Rousseau fue uno de los animadores del movimiento ilustrado, no dejó de elogiar al buen salvaje, quien, según su dicho, había firmado el contrato social con carbón en el fondo de una cueva.

***

Muy pocos filósofos han optado por el suicidio, a pesar de haber tenido vidas más miserables que las de sus pares cínicos.

***

Los filósofos de la complejidad se asemejan a los gatos, enredados con las bolas de estambre.

***

Hay que reafirmar, con Bergson, que el ser humano no solo es el animal que ríe, sino el que provoca risa.

***

Practicar la duda metódica y la suspensión del juicio es un excelente pasatiempo para las personas jubiladas, que no dan crédito al monto de su pensión.

***

En un arranque de ira, Schopenhauer lanzó a una modista escaleras abajo, por lo cual fue obligado a pagarle una mensualidad a lo largo de 20 años.

***

Aún en la extrema felicidad, pensaba Kierkegaard, aparece el gusano barrenador de la conciencia…, después todo es caída.

***

Hacernos recordar nuestra condición de parias a cada paso del rudo camino, sólo es obra de la maldad religiosa.

***

Por más que se busque la filosofía en los autores de la ilustración, por doquier manan ríos de pedagogía y civismo.

***

Todo acto humano que se vuelve pensamiento se coloca fuera de la naturaleza y del tiempo.

***

Bajo las piedras domesticadas con cincel descansan los científicos, después de haber acumulado un fardo de verdades provisionales.

***

El cero es el mejor testimonio del vacío y la abundancia, es la metáfora del universo y también es el ojo con que se mira.

***

Los filósofos de la Edad Media cumplieron la función de la cochinilla: pintar de color púrpura los trajes de los prelados.

***

Si todos nos pusiéramos a discutir sobre las cualidades, especies y cantidades que reviste nuestra existencia, perderíamos el segundo irrepetible de la vida.

***

Los grandes dioses han sido protectores de la propiedad privada y castigan a los ladrones con las penas del infierno, para regocijo de los propietarios.

***

La metafísica será siempre el armario de enfrente, el cuarto de los trebejos para guardar las cosas inclasificables.

***

La abrumadora tarea de la religión y la filosofía ha consistido en transformar la materia en espíritu, con escasos resultados.

***

El avance inusitado de la medicina solo se explica por la expasión de las enfermedades desconocidas y la criminalidad de los virus, cada vez más poderosos.

***

Si no eres inteligente, por lo menos deberías ser apasionado o sincero, porque la estupidez se extiende como la superficie de un lago.

***

Las grandes alegorías de piedra y acero son sólo frágiles argumentos para explicar nuestra miseria.

***

Durante milenios los europeos han colonizado el occidente sin salir mentalmente de Grecia.

***

La prueba suprema del gobierno del logos sobre el cuerpo consiste en alcanzar el suicidio, dejando de respirar por voluntad propia.

***

Diógenes Laercio recuerda que Crisipo de Solos, célebre integrante de la escuela estoica, murió de un ataque de risa, provocada por las muecas de un burro ebrio.

***

La verdad es un enunciado de pretensión vinculante, por eso cuando mentimos también decimos la verdad.

***

Pensar demasiado no es bueno, sobre todo si te persigue una fiera al borde de un acantilado.

***

Los caminos que conducen a la verdad son tan caprichosos que casi nunca llegan a cruzarse.

***

Se dice que la lengua y las palabras registran la historia de la humanidad, quizá por eso encuentro en la frase *Se solicitan jóvenes de ambos sexos* una reminiscencia del mito del andrógino, recreado por Platón.

***

Se dice que Zenón se empeñó en criticar a las aves del paraíso: pavorreales, ruiseñores y otros pájaros de bello plumaje por alimentar en la razón humana un espíritu de lujo y corrupción.

***

Los médicos hindúes y los europeos medievales recomendaban a los partidarios de la concupiscencia beber té de loto o nenúfar, para calmar el fuego de la libido; esperaban *curar* especialmente a aquellos que habían hecho algún voto monástico.

***

Se cuenta que Pirrón de Elis decidió combatir la vanidad de los sentidos: olfato, vista, gusto, oído, tacto y se dispuso a revolver y probar los excrementos, sin melindres; situación que nosotros hemos imitada, tal vez sin darnos cuenta.

***

Por exceso de sinceridad, quizá debida a la conjetura de que la estupidez humana alcanza su plenitud en la vivencia social, Demócrito pasó los últimos días de su vida riéndose de sus contemporáneos.

***

Luciano de Samosata imaginó que en un mercado de esclavos se ofrecieran filósofos de la talla de Sócrates, Platón y Aristóteles y que, para sorpresa de todos, nadie quisiera pagar un céntimo, pues ¿para qué serviría un personaje semejante?

***

El miedo, opina Sartre, hace que el boxeador joven cierre los ojos, quizá a semejanza del tiburón cuando desgarra la carne de sus víctimas, para evitar interferencias en su horizonte de visión.

***

El temor nos acerca a la religión, la filosofía, la magia, los círculos criminales del narcotráfico y la política; en todos los casos se busca refugio, protección. La posibilidad de hacer frente al mundo de manera individual, está condenada al fracaso.

***

Decir que la esclavitud fue necesaria para el esplendor de la filosofía y el arte griegos es aceptar que la prostitución fue determinante en el despegue del arte cinematográfico hollywoodense, y otras grandes empresas del mundo contemporáneo.

***

José Vasconcelos, el gran defensor de la raza cósmica y el espíritu latinoamericano, fundó, sin embargo, un bufete de abogados para cuidar los intereses de las compañías transnacionales.

***

La corriente agnosticista surgió de un movimiento de autoexclusión del mundo de las ideas y el conocimiento; por eso la ignorancia absoluta, y también la ignorancia docta, suelen triunfar sobre ella.

***

Y llegará el día en que se cree una empresa transnacional del pensamiento, una red poderosa y persuasiva de robots cumplirá, como los otrora misioneros, con la transfusión de las doctrinas.

***

Pensar es tender puentes entre mi realidad copórea y neuronal con los peñascos que resplandecen enfrente. Se estira, pues, una amaca sobre el vasto abismo que cae inexplorado y se establecen los principios de la fluctuante fragilidad.

***

En los tiempos clásicos, los filósofos y artistas pasaban de la libertad a la esclavitud y viceversa, según las secuelas de la guerra, los encuentros con los mercaderes de esclavos y las posibilidades de pagar los costos del rescate. Platón, Zenon de Citio y Cervantes son ejemplo de ello. En nuestra época, el grillete se asocia a las becas y los bonos.

***

Para la filosofía clásica griega el conocimiento era una especie de liberación de la servidumbre mental; en la Edad Media, la ignorancia podía conducir a un estado de beatitud; en cambio el Renacimiento y el movimiento ilustrado hicieron de la ciencia una nueva religión, cuyo fervor ahora descansa en las tecnologías de la era posmoderna.

***

El gran filósofo nativo de la Selva Negra, Martín Heidegger, gustaba del fútbol; gozaba de la suave ondulación de los *artistas* de la cancha, a quienes, en el éxtasis del triunfo, solía considerar geniales. Había practicado el balompié en sus mocedades y, acaso, pensaba que la gimnasia corporal se transfería a la mente, al mundo de las coartadas filosóficas, para dar vida a otro paraíso de realidad adjunta.

***

La risa es un ejercicio de sanación contra las crueldades de la vida. Diógenes Laercio dice a Crisipo que se le estallarán las vísceras por reírse de un burro ebrio; en otra ocasión reclama al hijo de una prostituta que le había lanzado una piedra: "cuidado muchacho, le podrías pegar a tu padre"; más tarde discute con un hombre calvo que le niega una limosna: "qué bueno que tus cabellos abandonaron tu sucia cabeza."

***

Federico Engels consideró que el trabajo había transformado al mono en hombre; su amigo Carlos Marx encontró en el trabajo el acicate de la lucha de clases y el combustible de la historia; en cambio, su yerno Paul Lafargue escribió el libro: *Elogio de la pereza*, que se convirtió, con el paso del tiempo, en la *Biblia* de los Hippies y el manual de cabecera de los medigos de arrabal.

***

Se atribuye a Demócrito -célebre filósofo materialista, partidario de la teoría atómica- haber comparado a los hombres con los gusanos, que brotan de la tierra sin autor ni razón; arrastrados siempre por su naturaleza voraz y carente de sentido. Semejante conjetura, tan alusiva a los tiempos que corren, le costó la repulsa de los siglos venideros.

***

Según Roland Barthes, la *idiorritmia* sería la capacidad que desarrollan los seres humanos para convivir con sus semejantes, mediante el sacrificio de la libertad individual, llamada *ritmia*. Desde luego, cuando la teoría opera una colisión flagrante con el sentido común, es oportuno invocar la muerte del afamado profesor por atropellamiento de una cuadriga de caballos.

En la lucha por ser brillante se pierde la inteligencia.

***

La igualdad de los hombres se aprecia mejor en las degracias naturales.

***

Hay amistades y relaciones amorosas semejantes a tumores benignos.

***

¿Qué es la sociedad actual? Un hormiguero desbordado.

***

No hemos evoluciado lo suficiente para prevenir los ataques por la espalda.

***

El álbum familiar siempre es un remedo evolutivo del *homo sapiens*.

***

El asilo de ancianos representa el futuro de la humanidad.

***

En la vejez uno puede presumir, al menos, la joroba.

***

Casi todos los placeres son una compensación de la mala vida.

***

La variedad de los caminos siempre nos arroja a un callejón oscuro.

***

Al final del camino nos espera un juicio con pena de muerte.

***

Nuestra vida es solo un ejercicio respiratorio.

***

Estar encadenado al salario es revivir las cuitas de Prometeo.

***

La moderna esclavitud: salario, bienestar material, redes sociales y precariedad mental.

***

Nuestra creencia en la inmortalidad nos ha impedido el gozo de la respiración.

***

Todas las doctrinas tienen como función achatar el perfil de los individuos.

***

La casa es la cárcel de todo buen viajero nómada.

***

Presumir el vacío, como un principio creador, puede afectar la cavidad cerebral.

***

El pleno ejercicio de la libertad te lleva a deambular en busca de la próxima aldea.

***

Se debe acabar con el "maldito yo", pero sin caer en el colectivismo del "nosotros".

***

El nacimiento también podría considerarse como un acto de agresión contra los vivos.

***

Javier Rubert de Ventós: el que entiende todo es que está mal informado.

***

Aprovechar la coyuntura sería una buena síntesis de los tratados de ciencia política.

***

El odio y la rapiña deben colocarse entre los recursos más valiosos de la sobrevivencia.

***

La libertad total suele dejar libres a todos los depredadores.

***

La paz interior se pierde ante la urgencia de la misión por cumplir.

***

El exceso de información destruye el conocimiento.

***

La experiencia recomienda contruir las casas de cuna al lado de los asilos.

***

Alcanzar la felicidad social del hombre es una broma de los filósofos del progreso.

***

Quien habla en nombre de la masa, del pueblo, generalmente es un prófugo.

***

La muchedumbre es la imitación humana de las fuerzas de la naturaleza.

***

La belleza calumniosa de las élites aviva el rencor y el apetito de las masas.

***

La lucha por entendernos es una buena forma de persistir en el error.

***

Equivocar el rumbo fue la estrategia eficaz del hombre primitivo para poblar el planeta.

***

La guerra es la peor opción excepto cuando estás en ella.

***

El uso legítimo y proporcionado de la violencia, en las democracias modernas, se ha convertido en el arte del francotirador.

***

La otra *moral* de algunos espíritus insurrectos es el antídoto contra el aburrimiento y la frivolidad de las épocas del *bel esprit*.

***

¡Cuántas mujeres (y hombres) que acuden a los salones de belleza son candidatas a la momificación!, este servicio también debería ofrecerse en cómodas mensualidades.

***

Sólo por amor al heroísmo, o al instinto de sometimiento, algunos hombres inclinan la cabeza, desnudo el cuello, ante la navaja del barbero.

***

Un magnate forró su retrete con láminas de oro para que sus desechos relucieron aún más vivos.

***

La historia de la humanidad sería una sucesión de pequeñas crispaciones si se mirara desde una colonia marciana.

***

La amistad impide el amor; el amor obstruye el erotismo; el erotismo corrompe el sacramento matrimonial; solo el sexo nos vincula a nuestra ascendencia animal.

***

En una sociedad igualitaria, como la imaginaba León Trotski, cualquier hombre del pueblo alcanzaría el conocimiento de los grandes genios.

***

La democracia pocas veces abona a la libertad del pueblo, su prédica radica en aumentar los sueldos, para alentar el consumo y las comodidades en la jaula.

***

Algunos economistas suelen ver en las cruzadas religiosas del Medievo a las primeras empresas trasnacionales.

***

Un amigo puede ser un buen arquitecto, con su ayuda soportamos el peso del edificio social.

***

La división del trabajo no es una invención humana: abejas, hormigas y lobos la practican para su beneficio.

***

Crónica era la esposa de Cronos y devoraba a sus hijas solteronas, condenándolas a vivir en la casa de los espejos.

***

Las tareas de supervivencia hacen imposible la castidad de un pensamiento luminoso y original; por eso nos acostumbramos a prevalecer en los brazos del adulterio.

***

Sentarnos a ver pasar los cadáveres de nuestros enemigos es una experiencia muy pobre, hay que ir delante de ellos.

***

En nuestros días, se cotizan por su peso en oro las espadas y hachas de los verdugos medievales, ¡es tan grande la sed de sangre!

***

Algunos pueblos antiguos (escitas y chinos) enterraban a sus gobernantes con sus familiares y sirvientes vivos, ¡qué manera de combatir el nepotismo!

***

Algunos infelices suelen maldecir todos los días de su vida, cuando solo bastaría que aborrecieran el de su nacimiento.

***

La terapia de los profetas consiste en volcar su infierno interior sobre las multitudes indefensas.

***

Las atrocidades del tiempo nos impiden articular una palabra cuando nos reencontramos con los viejos amigos.

***

Es tan delgado el hilo entre la vida y la muerte, que nunca sabremos con certeza de qué lado estamos.

***

Casi siempre copiamos las maneras de la gente despreciable, aunque disfrazados con una dosis de sofisticación.

***

Decir que el fracaso es el sustento del triunfo, alimenta

la ambición de millones de entes en busca de notoriedad.

***

Perseverar en la pobreza, como eje de lucha de un programa político o religioso, es invitar al suicidio colectivo.

***

Al cuerpo legislativo no se le puede atribuir ningún error de estrategia o cálculo porque no tiene cabeza.

***

Predicar la felicidad entre los humanos, produce el mismo efecto que dictar una conferencia sobre el origen y evolución de las especies ante un público de reptiles.

***

La amistad no es tan escasa como pareciera, los amigos de lo ajeno y del crimen organizado se cuentan por legiones.

***

Es difícil encontrar a un hombre con ideas propias, sobre todo por la rapiña de los derechos de autor.

***

Una mujer que paseaba a sus pitbulls, genéticamente modificados, en un conocido país del primer mundo, tropezó y fue devorada por su jauría; más tarde una psicóloga de perros dijo que, al caer la víctima, había sido confundida con la presa.

***

La asfixia cerebral, la mendicidad de la boca, la pobreza del corazón representan el *quid pro quo* del dogmatismo populista.

***

Los atisbos de felicidad deben esconderse a la mirada del vulgo, quien los presume, como el que exhibe el producto de una cacería, suele quedarse con los despojos.

***

El desmoronamiento social, al igual que el colapso de las estrellas, es una tradición rutinaria, el problema es coincidir en ese tiempo.

***

Nuestra timidez personal, y social, es semejante a la de los moluscos cuando se les hiere con un grano de sal y una gota de limón.

***

Digerir las horas, como un asno que duerme de pie, es una tarea obligada en el periplo de la vida.

***

El colapso de las grandes civilizaciones suele imitar a las estrellas en su proceso de implosión: aplastan y desintegran a los pueblos que les dieron origen y se derrumban sobre sí mismas.

***

El faro de la civilización no ilumina todas las cabezas de la especie humana, más bien actúa como una lámpara indiferente que atrae a los insectos más sensibles, aunque la mayoría muera electrocutada.

***

El comunismo nunca pudo igualar las funciones de los zánganos y las reinas con el resto del enjambre, su práctica terminó legitimando el *status quo* de las colmenas. La gloria sea, pues, con la miríada de los animales colaborativos.

***

Nos movemos entre los escombros de las doctrinas, de cara a las líneas del progreso; a lo lejos se miran, en formación, los rascacielos; todo es tan luminoso que apenas advertimos la incipiente proliferación de las grietas en las mamposterías.

***

Los amigos son esos individuos doblados por el peso de las confidencias; gravitan en nuestro entorno como Sísifo, cargando un costal de horrores, fruto de nuestras pesadillas cotidianas.

***

España y Portugal navegaron a Occidente bajo los efectos narcóticos de la ambición, el dogmatismo y el deseo de conquista. Sus naves no cayeron al abismo, ni fueron devoradas por las bestias marinas, sino por los despeñaderos de la historia.

***

Todo imperio se justifica por haber puesto orden al caos, semejante a las represas que, gracias a las paredes de concreto, sostienen el peso de las aguas, hasta que se hace visible la primera grieta.

***

La libertad, los derechos y la democracia; la equidad y los sentimientos de justicia son una especie de salmo social, un mantra que arrulla y atempera los pensamientos y emociones de la gente crédula.

***

A pesar del notable desarrollo de las matemáticas, y especialmente de la geometría, cuyo subproducto glorioso es el gps, no tenemos ninguna evidencia creíble de que vayamos por el camino correcto.

***

Si la vida es una retahíla de acontecimientos sin sentido, sucesión de rostros, de crímenes, de pleitos sin fin entre las hordas vecinas a la orilla de los acantilados; al aforista solo corresponde el oficio de ser testigo, una especie de buitre desahuciado en los potentes arrabales de nuestra civilización.

***

La historia de un pueblo no reside tanto en sus archivos de piedra, papel, celuloide o cualquier otro tipo de registro, sino en el imaginario colectivo, en la memoria que se nutre de las voces presentes o pasadas; por eso cuando un pueblo muere, se pierde el secreto profundo de su existencia.

***

Solo a las mayorías se les revela el arte de la plañidera, los secretos del buen ladrón, la magia de los linchamientos, la custodia de los credos. Las religión, las doctrinas morales y políticas, las luchas emancipadoras, los afanes de justicia, equidad y libertad incuban en las cabezas de los feligreses la prolija infección, que en poco tiempo extiende la epidemia revolucionaria.

***

Es propio de las sociedades en descomposición -semejantes a una colmena de abejas invadida por las hormigas que devoran a sus larvas- que sus gobernantes sean enfermos mentales, cuya muerte cerebral, espejo de sus votantes, se convierte en una metáfora del *pathos* de la república.

***

Las grandes culturas suelen morir por *exceso de civilización*, incluidos el refinamiento morboso y la locura de sus clases dirigentes. Mesopotamia, Egipto, Grecia y Roma padecieron el letargo de una longevidad diluida en el océano de su historia. Asunto aparte es el caso de las naciones china, judía e hindú, cuyo río memorioso constituye un delta que todavía irriga el horizonte posmoderno.

***

Cuentan que el Gran Gengis Khan, después de fundar el imperio mongol más extraordinario que jamás haya imaginado la mente humana, deseoso de prolongar su vida, recurrió a un monje avezado en cuestiones de inmortalidad y éste le recomendó la abstinencia sexual por toda medicina; cosa que rechazó airado el emperador de la furiosa estepa; y gracias a la fuerza de su libido el 30% de la humanidad es, en nuestros días, parte de su descendencia.

***

La vida en cautiverio es una condición de las sociedades de nuestro tiempo. Quedan distantes las jornadas para la recolección de alimentos, incluidas las romerías y el cambio de rumbo, según el capricho de los vientos. Acaso sólo algunos pueblos esteparios rememoran aquellas pasadas gestas; por eso cuando los gobiernos les otorgan casas, suelen encerrar a sus cabras y burros en ellas, y duermen en tiendas de campaña, bajo la luz de las estrellas.

***

Según la conseja de algunos precursores de la revolución francesa, el ser humano sacrifica su libertad natural y se somete a la sociedad para proteger su vida y sus bienes, y a esta prédica hay que unir la voz de los profetas que recomiendan cuidar y amar al prójimo como a uno mismo; sin embargo nada de esto ocurrió cuando Kitty Genovese, en 1964, fue golpeada y apuñalada en un barrio neoyorkino de Queens, ante una multitud impávida que no fue capaz de llamar a la policía y tampoco intentó defender a la víctima. Se dice que los gritos de dolor se prolongaron por más de media hora, mientra el cuchillo tenaz hacía surcos en las carnes aún vivas de la mujer.

El caso, desde luego, fue analizado por sociólogos e historiadores, quienes conjeturaron que se trató de una fuerte individualidad arraigada en las sociedades posmodernas, aunque también se podría pensar que fueron personas que tuvieron poca madre.

www.sequitur.es